RESPONCE,

ET

REFVTATION

du Discours intitulé,

LETTRE

D'AVIS

A MESSIEVRS

DV PARLEMENT

DE PARIS,

PAR VN PROVINCIAL.

A PARIS,

M. DC. XLIX.

RESPONCE, ET REFVTATION

du Discours intitulé, Lettre d'Auis à Messieurs du Parlement de Paris, par vn Prouincial.

QVI que vous soyez, MONSIEVR LE PROVINCIAL, à qui j'enuoye cette Responce, ie n'entreprend pas de refuter toute la Lettre d'Auis que vous addressez à Messieurs du Parlement ; Elle a beaucoup de bonnes choses que i'ay desia pensées, & peut-estre quelques-vnes que i'ay dites. Ce n'est pas que ie vous en blasme ; Ie sçay bien qu'il seroit malaisé, que dans vn chemin si battu, comme est celuy des affaires de ce temps & de cette ville, vous eussiez pû trouuer beaucoup de routes incognuës. Ce n'est pas non plus que ie m'en louë, ny que ie sois assez vain pour me vanter de me voir suiuy. I'ay creu seulement vous en deuoir aduertir, pour ne causer d'estonnement à personne, quand on verra que d'vn grand discours que vous auez fait, ie n'en combats qu'vne petite partie: Elle est toutesfois la plus importante, Monsieur, dans vn traitté de Politique comme le vostre ; & i'apprehende que vous n'ayez gasté vostre Ouurage, en le manquant au plus noble endroit. C'est en cette partie où vous traittez de l'authorité Royale ; & qu'apres auoir enrichy de belles pieces, vous deshonnorez par cette conclusion ; Qu'vn Roy abusant du pouuoir que

Page 28. & 29.

A ij

Dieu luy a donné, cesse d'estre Roy, & ses Sujets sujets: tellement que quand il se dispense de son deuoir, ils en sont dispensez de leur obeïssance.

Certainement si ie n'auois point vû ce mauuais sentiment, que vous auez pour n'auoir pas entré iusques dans le cabinet de l'authorité suprême, i'aurois esté le premier admirateur de vostre Ouurage ; Mais ne trouuez pas mauuais qu'au nom de Dieu, de la Nature & de la Politique mesme, ie combatte pour l'Oint du Seigneur : & que puis que ie cognois bien que vous auez plus de zele pour les Sujets, que de dépit contre leur Monarque, ie commence vne guerre, qui sans doute profitera à l'vn de nous, sans preiudicier à l'autre.

La Souue-
raineté re-
gne par
tout dans
l'Vniuers.

Quelque opinion que vous ayez de la Souueraineté, Monsieur, ie croy que vous ne doutez pas qu'elle ne doiue regner par tout. Si vous considerez l'Vniuers tout entier, vous y verrez vne Souueraine & vniuerselle puissance, de laquelle dependent toutes les autres. Si vous le diuisez en monde intelligible & corporel, vous trouuerez encore vne suprême intelligence sur toutes les inferieures, & vn corps sublime sur tous ceux qui sont au dessous de luy. Si vous diuisez la terre en Royaumes, ou en Republiques, chacun d'eux a sa Souueraineté ; les Royaumes en Prouinces, elles ont leurs Gouuerneurs; les Prouinces en Villes, elles ont leurs Iustices ; les Villes en maisons, elles ont leur peres de familles.

Cette generalité d'exemples, Monsieur, est vne infaillible marque de la necessité du pouuoir Souuerain, pour le gouuernement vniuersel de toutes choses; & ie me suis souuent estonné de ce que plusieurs sages Republiques ont fait ce qu'elles ont pû pour subsister dans l'aneantissement de cette puissance ; c'estoit à le dire en propre termes, poser son establissement sur vn fondement de ruine, & mettre son vaisseau en pieces, pour faire plus facilement voyage. Car pour ne point s'abuser pour le bien des Estats, plus elle est forte & reünie ; & plus elle est vtile & harmonieuse.

nieuse. Or pour luy donner toute sa vigueur, il la faut poser en vn suiet, la rendre indiuisible de sa personne, & par elle seulement communicatiue à ceux qui sont establis pour se soulager. Le suiet donc où il faut que cette Puissance reside, est celuy qu'on appelle Monarque. C'est ainsi que le gouuernement vniuersel est aux mains de Dieu, qui en est le seul Souuerain, & qui domine toute la terre, independant de tous les autres estres. Sur ce modele, non seulement beau, mais aussi bon & le plus parfait qui nous puisse instruire, il faut que toutes sortes de gouuernemens se reglent; delà vient aussi que tous les sages Politiques n'ont pû comprendre autre gouuernement parfait que le Monarchique Royal; pource qu'il est le seul tiré apres le naturel d'vn original infaillible. Car tout de mesme que Dieu (s'il nous est permis de luy comparer quelque chose) par sa sagesse & sa bonté infinie, conduit l'Vniuers auec iustice & misericorde, & qu'il a toute puissance, & sur les corps & sur les ames, comme Roy vniuersel; non seulement en estenduë d'Empire, mais aussi en grandeur de Puissance, sans que quoy que ce soit qui luy obeisse, ait sur luy aucun droit, ny de force, ny de Iustice; de mesme le Roy Monarque, gouuerne ses Sujets auec iustice & douceur, & a sur eux puissance absoluë, sans qu'ils ayent contre luy aucun droict, ny de iustice, ny de force tant qu'il est Roy.

Cette puissance est tellement iuste qu'en sa petitesse elle n'est en rien differente ny de la puissance surnaturelle, ny des naturelles. Car comme nous le venons de voir, elle est absolument conforme & reglée sur celle-là de Dieu, qui consideré en son action immediate est vn Monarque surnaturel : Elle est tout de mesme conforme à la nature, qui estant creée de Dieu, ne manque pas de suiure le branle que luy donne son autheur: Or il ne luy establit point vn ordre different du sien, consideré primitiuement, ce n'en est seulement qu'vne suite. Et de fait, nous voyons qu'vn seul mobile emporte tous les autres Cieux, ſans qu'ils ayent aucune action pour luy reſiſter. Tous les Agents naturels agiſſent deſſus les Patiens ſouuerainement, & lors qu'il ſe rencontre quelque conflict de qualitez, cen'eſt plus guerre d'Agents & de Patiens, mais pluſtoſt combat de ſeuls Agents : auſſi eſt-ce de là d'où naiſſent tous les deſordres de la nature, & qu'il feroit mauuais prendre pour exemple dedans l'Eſtat. D'où vient que la prouidence de Dieu a ſeparé les Elemens, qui de leur égalité de forces & de qualitez contraires ne pouuoient entretenir l'Vniuers que dans le Chaos. La raiſon de cecy eſt belle & bien facile à comprendre : c'eſt que dans la diuiſion de la puiſſance, la diſcorde ne manque point de ſe trouuer : & c'eſt la ruïne de toutes choſes ; car comme les ſympathies & l'amour en la nature ſont les cauſes produiſantes ; la haine & les antipathies ſont les veritables deſolatrices de l'Vniuers. Or cette fille maligne qui fut la cauſe de la ruïne de Troye, ne ſe meſle point dans le Gouuernement d'vn ſeul. Il ne peut arriuer qu'vn ſeul ſe depite, s'anime, & ſe courouce contre luy meſme ; au contraire la diuiſion de ſes ſuiets, s'euanoüit & s'appaiſe par ſes commandemens, & c'eſt luy qui diſſipe comme le Soleil, tous les nuages qui preparent des foudres au deſſus de luy.

Le Gouuernement d'vn ſeul iuſte Monarque eſt donc

infailliblement le ſeul conforme aux Loix de l'vniuers. Si peu que la puiſſance Souueraine ſe deſtourne, ou à droit, ou à gauche, elle peche & choque cet ordre diuin. Quand elle deuient Ariſtocratique ou Democratique, elle diuiſe ce que Dieu & la nature ont vny : Et c'eſt en quoy ces ſortes de gouuernemens ſont pechans, comme ie le ferois voir par vne infinité de raiſons, ſi c'eſtoit la matiere dont ie veux traiter ; & ſuffit que ie die qu'en

mille occaſions il a fallu que ces Republiques depoſaſſent cette Spuueraineté entre les mains d'vn ſeul, n'eſperant plus de ſalut que du gouuernement monarchique, & recognoiſſant par cet adueu l'imperfection du leur.

Quand la Tyrannie occupe cette Souueraine puiſſance, elle peche auſſi contre les Loix de l'vniuers; car
comme ces Loix font que le Gouuernement tombe
entre les mains d'vn ſeul, & qu'en cela les Republiques
ſont imparfaites qui ſe diuiſent entre pluſieurs ; elles
font auſſi que ce Gouuernement ſoit iuſte & conduit
par les Loix du Ciel & de la nature, & qu'en imitant
leur ordre, il imite auſſi leur équité : ce que ne faiſant pas
le Tyran qui eſt vn iniuſte vſurpateur, il n'y a point de
doute qu'encore qu'il domine, & qu'il regne ſeul, ſa domination, ne ſoit deteſtable parce qu'elle eſt criminelle.
Or, Monſieur, ſous le nom de tyrannie, ie croy qu'on
doit comprendre tous les Gouuernemens qui ne ſont ny
monarchiques ny populaires, ou du moins qui s'attri-
buent puiſſance legitime de vie, de mort, & de biens ſur
leurs ſuiets. Ainſi le Turc eſt vn tyran, & ie m'eſtonne de
ce que vous eſtimez qu'il peut, puis qu'il eſt Monarque
Seigneurial, prendre de Droit la vie & les biens de ſes
ſuiets. En cela vous tombez d'vne extremité en l'autre,
& vous ne pouuez manquer l'égarement, en quittant ainſi la mediocrité & le vray chemin que vous deuiez tenir;
Il valoit mieux donner plus de puiſſance aux Roys &
moins aux tyrans, & diſpenſer auec plus de Iuſtice ce
Droit que vous prodiguez. Il falloit l'accorder à ceux
qui le meritent & non pas à ceux qui l'enleuent de violence; & voſtre conſentement, à l'audace de ces cruels
Souuerains, eſt du moins auſſi dangereux que voſtre re-
ſiſtance à l'équitable & au naturel pouuoir des iuſtes Potentats. Ie voy bien que vous auez voulu adoucir l'ai-
greur de voſtre propoſition, en diſant qu'en cét endroit
vous parlez ſelon le Droit des Gens, & non pas ſelon les
maximes du Chriſtianiſme. Si vous vouliez bien enten-
dre ce qu'emporte ce mot de Droit, vous ne le feriez
iamais paſſer pour vne choſe iniuſte, & s'il vous plai-
ſoit d'vſer legitimement de celuy de Chriſtianiſme,
vous ne l'employeriez pas en vn endroit où il deuroit fai-

d'auec l'autre, ce n'eſt que pour eſta-blir vn or-dre en par-lant.

re place à la Loy Mofaïque ou Diuine. Retournons a[u]
premier qui eft de noftre fuiet. Eft-il pas vray que l[e]
Droit des Gens n'eft point fauteur de la puiffance d[u]
grand Turc, ny des autres Seigneuries ? que c'eft vn[e]
chofe iufte que ce Droit, que le pouuoir du Turc eft iniu[-]
fte, & qu'ainfi le Droit des Gens n'authorife nullemen[t]
la violence dont il vfe, quand il rauit les biens & les vi[es]
de fes fuiets. Que le Droit des Gens foit vne chofe iufte[,]
ie ne penfe pas qu'homme raifonnable le doiue nier. S'[il]
fe trouue quelque païs où il ne fuiue pas la Loy diuine [&]
naturelle, il porte fa condamnation en luy-mefme. Pou[r]
le moins ne me fçauroit-on nier que la Loy diuine ne fo[it]
pleine de toute forte de iuftice; fi donc elle eft effentiel[-]
lement telle, & qu'en quelque païs il y ait quelques Loi[x]
qui luy foient differentes, infailliblement elles font in[-]
iuftes, & ce n'eft plus Droit, mais iniuftice des Gens : i[l]
s'enfuit doncqués que affin que quelque chofe foit Droi[t]
des Gens, il faut neceffairement qu'elle foit iufte. Cett[e]
premiere propofition eftant ainfi prouuée, la fecond[e]
n'eft pas plus difficile, & il eft bien euident que la puif[-]
fance du Turc eft iniufte; car qui doute que qui que c[e]
foit n'a droit ny fur la vie, ny fur les biens d'autruy, com[-]
me vous auez penfé que le Monarque Seigneurial l'auoit[?]
Ces deux feuls commandemens, TV NE TVERAS POINT[,]
ET NE DEROBERAS POINT, fuffifent pour le prouuer[.]
Pour la vie il eft indubitable que nul n'a pouuoir d'ofte[r]
ce qu'il n'a point donné, & que le Monarque Seigneuria[l]
ou pour mieux dire le Tyran, ne nous l'ayant point don[-]
née, ne peut auffi fans crime nous la rauir : C'eft fur c[e]
fondement qu'eft appuyée la punition qu'on exerce fu[r]
ceux qui fe precipitent & fe donnent la mort eux-mef[-]
mes, pource qu'il n'ont point de droit fur des iours qu'il[s]
ne fe font point donnez. Et quoy qu'il femble que chacu[n]
puiffe vfer à fa fantaifie de ce qu'il poffede, fi eft-ce tou[-]
tesfois qu'il nous fait rendre conte du iour que nous pof[-]
fedons. En cecy voyons nous que les couftumes de diuer[-]

fe[s]

es Nations qui donnoient droit de vie & de mort sur
urs enfans, estoient mal fondées, parce que le pere ne
onne point la vie à son fils, & qu'estant vn acte de l'Ame
aisonnable, elle ne vient pas de l'homme, ny de la matie-
e, mais elle est infuse de Dieu : Aussi la Loy diuine n'a
amais donné cette puissance au pere, mais elle a remis
e chastiment du fils desobeïssant au Magistrat, comme
es autres criminels. Si doncques le pere mesme n'a pas
e Droit sur la vie de son fils qu'il a mis au monde, quel
st celuy que peut auoir vn Seigneur sur son suiet ? Vous
e dittes qu'il regne dans vn pays de conquestes; que
ous ses peuples sont ses esclaues; qu'il y est entré par les
rmes, & que par les armes il s'y est maintenu : que ses vi-
oires luy ont mis la vie & la mort de ses suiets entre les
mains; qu'il pouuoit les tuer par le Droit de la guerre, &
ue c'est par consequent auec beaucoup de Iustice, qu'en
es espargnant il s'en fait des esclaues par Droit de Sei-
neur. Mauuaise conclusion, Monsieur, qui fait naistre
iustice de la violence. Toutes ces raisons ont de l'air ou
our le mieux dire du vent; mais elles n'ont point de ve-
té. Il faut voir si le Tyran auoit quelque Droit sur les
ays qu'il a vsurpez, & s'ils estoient siens pour s'en rendre
e possesseur. Si c'estoit le bien d'autruy, quelle est la
onqueste qu'vne fureur ? Y a t'il quelque Loy qui l'e-
empte de celle de Dieu ? si tout ce que nous pouuons
surper par force estoit à nous, les plus foibles n'auroient
mais rien : les richesses de la terre appartiendroient tou-
es aux Tyrans. On ne verroit point de paix au monde;
out le monde combattroit pour conquerir. Les mes-
hans dissiperoient leurs biens en criminelles despenses,
ous esperance d'en trouuer bien-tost d'autres à rauir; le
auail si recommandé de Dieu, seroit aneanty ; pou-
ant auoir assez par force; le gain honneste seroit à mes-
ris ; & l'oysiueté & la guerre regneroient par tout. Les
hoses ne vont pas de la sorte; le bien d'autruy n'est point
nous pour l'auoir rauy. Quand nous éloignons les bor-

nes de nos voisins, & que nous transportons les nostr
dans les terres des Orphelins, nous contreuenons bi
aux Ordonnances diuines, mais nous n'euitons poi
les maledictions qu'elles fulminent. Il s'ensuit donc q
le Tyran n'a nul Droit sur les biens de ses suiets, qu
qu'ils soient sa conqueste & le fruit de ses victoires :
moins encore sur leur vie trop illustre en elle mesm
pour dependre en quelque sorte des hommes, elle q
est infuse immediatement de Dieu.

Que si pour fauoriser le party des Seigneurs, vous m'
leguiez les grandes & les sanglantes conquestes de Isra
lites, ie vous respondrois qu'elles ne doiuent point est
tirées en exemple en ce temps icy. Il y auoit quelque ch
se d'extraordinaire qui ne se trouue point dans le desse
des Tyrans. Le commandement des meurtres qu'ils f
soient, partoit de la bouche de Dieu; & ce nombre esto
nant & prodigieux d'hommes, de femmes, d'enfans, d'
d'argent, de bestes & de villes, que l'interdit abando
noit aux espées & aux flammes, n'estoit point exposé à
violences, sans cause, & ne souffroit point ces traitemer
sans iustice. Faire vn exemple de ces rigueurs qui ne pe
uent estre iustement executées, que par des ordres ir
mediatement receus de la puissance Diuine, c'est cher
cher pretexte à la cruauté, & la vouloir authoriser par
euenement extraordinaire ; Cependant que nous voyo
la Loy qui la condamne, & qui est la regle à laquelle
nous faut ordinairement obeyr. Il n'y a point eu depu
eux de Nations au monde qui ait eu mesme droit d'ex
euter mesmes choses, ny qui sans horreur eust pû s'ar
mer à tant de carnage. Eux-mesmes ne pouuoient s'er
pescher bien souuent d'épargner quelque chose de ce
te desolation extréme, & de desobeir à Dieu en ne
portant pas assez viuement à toute la rigueur qu'il le
auoit commandée. Pourquoy donc vouloir faire
exemple d'vne chose qui ne peut estre imitée, & qui
esté mesme executée qu'auec peine. Cette obiection d

meure donc tres-vaine, & les raisons que i'ay alleguées
contre les Tyrans, inuincibles. Si donc toutes sortes de
Seigneuries sont tyranniques, qui disposent de la vie &
des biens des Sujets comme de chose acquise, & que toute tyrannie soit iniuste, il s'ensuit que le Gouuernement
où l'Empire Seigneurial est aussi bien que les autres Republiques, contraire à l'ordre de l'Vniuers.

Ie n'ay point pris ce petit destour sans raison, Monsieur,
par luy vous comprendrez & qu'il n'y a point de vray
Gouuernement que le Royal, & quelle puissance legitime est donnée aux Roys. Mais peut-estre que vous direz
que ie me suis mespris, & que dans ce discours, au lieu
d'establir l'authorité Royale, ie m'éforce de la destruire.
Nullement, Monsieur, en combattant contre les Tyrans
ie ne touche point aux Roys legitimes; ie sçay bien que
ceux-cy ont vn pouuoir plus, absolu pource qu'il est iuste.
Que ceux-là semblent en auoir vn plus grand, mais il est
criminel; que les vns agissent de Droit comme les autres
font de force, & qu'enfin le Ciel vn iour leur apprendra,
& par grace aux vns, & par supplice aux autres, qui d'eux
tous auront le mieux regné.

Cependant ie reuien à ma premiere proposition : & ie
dis que les Roys estans establis selon l'ordre de l'Vniuers,
ont naturellement vne puissance tres-absoluë, en telle
sorte qu'il ne reste aux Suiets autre chose que l'obeïssance, ou la mort : Or quand ie parle d'obeïssance, ie le fais
sans rien excepter, pource que souuent les Roys s'empor-
tent à tout commander, sans exception, & punissent ceux
qui leur sont desobeïssans, en quoy que ce soit ; tellement
qu'il se rencontre des occasions où le Suiet n'a qu'à choi-
sir entre la mort & l'obeïssance ; & qu'il se trouue par son
propre deuoir forcé, ou de ceder, ou de mourir. C'est ce
qui arriua à Nabot Israëlite, lequel ayant refusé sa vigne   1 Roys 21.
à Achab, ayma mieux perdre la vie que son heritage, &   3. 21.
ce que firent les trois enfans, Sydrac, Misac, & Abde-   Daniel 3.
nago, lesquels aymerent mieux entrer dans vne fournai-   16.17.18.

ſe ſept fois rallumée, que d'adorer l'Idole de Nabucho-
donoſor.

Mais vous me direz peut-eſtre que ces exemples que ie
vous allegue, ne ſont que de particuliers leſquels ont eſté
contraints de ſouffrir par force. Que s'il eſt vray que nul
n'ait de Droit ſur nos biens, ny ſur nos vies, encores
moins ſur nos conſciences; que nous en auons donc de
repouſſer les Roys meſmes qui nous les veulent rauir,
quand nous le pouuons. Encores que nous le puiſſions
de force, Monſieur, nous ne le pouuons pas toutesfois
de Iuſtice. Il eſt bien vray que les Roys n'ont point de
Droit ſur ce qui eſt à nous; mais il ne l'eſt pas que nous
en ayons de repouſſer leurs violences, & quand ils paſ-
ſent les bornes de leur deuoir, c'eſt encore à nous de ſouffrir.

Pourquoy me direz vous ſouffrir vne choſe iniuſte;
toutes ſortes de criminels ne meritent-ils pas chaſtiment?
n'eſt-ce pas en quelque ſorte deuenir coupable du crime
que le tolerer? & la ſtupidité des Suiets en cette occaſion
n'eſt elle pas plus dangereuſe que la violence meſme des
Monarques? Tous crimes meritent chaſtimēt de fait, mais
toutes ſortes de perſonnes n'ont pas droit de le faire. On
deuient coupable de crime quand on le tolere, & qu'on
eſt obligé de le punir; & la ſtupidité des Suiets ſeroit
dangereuſe, ſi c'eſtoit à eux de chaſtier les fautes de leurs
Princes: Mais les choſes vont bien d'autre ſorte; car, dans
l'Vniuers quelques peccantes que ſoient les parties ſupe-
rieures, les inferieures n'ont point d'action pour les cor-
riger; quelque traittement qu'vn fils reçoiue de ſon pere,
il ne luy eſt point permis de le reprimer; quelque rigueur
qu'exerce ſur le Citoyen le Iuge, il le doit ſouffrir ſans
s'en deffendre: le Iuge de meſme doit tout endurer du
Roy à peine de rebellion, & le Roy de Dieu à peine de
damnation eternelle. Vous me repliquerez ſans doute
que cette propoſition eſt veritable en ſa derniere Partie;
mais non pas aux autres. Qu'il eſt tres-certain que les

Roys

Roys doiuent tout souffrir de la part de Dieu sans mur-
murer, mais qu'il n'en doit pas estre de mesme de toutes
sortes d'inferieurs : Parce que l'iniustice de leurs superieurs leur donne bien souuent droit de se plaindre, ce
que Dieu tout bon, tout sage & tout iuste ne peut pas
permettre à ceux qu'il chastie. Que si les enfans, les Citoyens, les Suiets, n'auoient aucun droit de défense, les
Peres, les Iuges & les Roys pourroient doncques deuenir des Tyrans legitimes. Car si sans iniustice le Fils, le
Bourgeois, le Suiet ne peuuent resister aux Peres, aux Iuges, & aux Roys, quelque chose qu'ils puissent faire ; Il
s'ensuit donc que iustement ils exerceront mesme toutes leurs violences. Cette conclusion n'est pas necessaire,
Monsieur, & vous voyez bien qu'encores que le serui-
teur n'ait pas de Droit de punir son Maistre, on n'en peut
pas conclure, que donc le Maistre peut estre vn legitime
& vn iuste cruel. Il faut donc considerer que toutes ses
puissances, ne sont absoluës qu'en vn égard, & qu'il y en a
vn autre auquel elles cessent d'estre puissances, pour estre
dependentes ; ainsi le pere est le superieur de son fils, &
le chef de Famille de ses seruiteurs ; mais il est l'inferieur
de ses Iuges ; Ainsi les Iuges qui sont des Dieux au regard
du peuple ne sont que des simples hommes suiets de leur
Roy, & le Roy tout de mesme qui se peut dire le Dieu de
ses Dieux & la premiere des diuinitez mortelles, n'est
toutefois qu'vne simple Creature comparé au seul & au
grand Dieu de tout l'Vniuers. Toutes ces puissances ter-
restes sont doncques dedans vn milieu qui voyans quelque chose au dessous de soy, considerent aussi quelque
chose au dessus ; de telle sorte que quand elles agissent, si
elles ne respectent point l'vn, il faut qu'elles respectent
l'autre, & comme elles sont obligées de luy rendre com-
te de leurs actions, elles en ont receu la regle qui les rend
legitimes ou coupables, selon qu'elles la suiuent ou qu'elles l'abandonnent. Ainsi il ne faut donc pas conclure
qu'vn Roy, qu'vn Iuge, qu'vn Pere puissent tout faire

D

legitimement de ce que les Suiets, les Citoyens, les enfans n'ont pas de droict de les en reprendre; Car encore qu'à leur égard ils ne rendent raison à personne, toutefois ils ont au dessus d'eux des superieurs qui leur peuuent demander raison des violences de leur vie; tellement qu'encore que l'obeïssance vueille que ceux-cy souffrent, il ne s'ensuit pas qu'il soit permis à ceux-là de tyranniser, & que quand ils le font, ils n'attirent sur eux les peines qu'ils meritent.

Cependant leur suprême authorité subsiste malgré toutes leurs iniustices, ils sont tousiours plantez dans le Thrône où ils ont esté mis. La Maiesté de Dieu brille tousiours en ces fausses Images: L'ordre de l'Vniuers est tousiours conserué dans les confusions dont leurs crimes souuent boulleuersent leurs Empires; & tout de mesme qu'encore que le Soleil qui n'est que pour le bien de la Nature, forme souuent des foudres & des insectes dont le venin nous tuë, sans détruire l'ordre pour lequel il est establý; de mesme aussi le Monarque qui n'est que pour le bien du Gouuernement, cause des confusions extrémes dans l'Estat, sans toutesfois en oster l'ordre fondamental qui consiste au commandement, & à la puissance d'vn seul homme. Comme doncques encore qu'ils sortent des bornes de leur deuoir, ils ne laissent pas de demeurer dans la grandeur de leur puissance, ainsi sommes-nous obligez, quelques tyrannies qu'ils exercent, de ne sortir pas des termes de nostre deuoir. C'est en quoy Dauid nous a laissé vn exemple admirable, & sur lequel nostre subiection a veritablement bien de quoy se perfectionner. Il estoit aymé de son Dieu, éleu par luy, & oint par Helie pour estre Roy d'Israël; il arriua que dans la grande necessité des affaires de Saül Roy d'Israël, alors il fit vn miracle de valeur en tuant Goliat, & mettant par ce moyen en déroute l'armée effroyable des Philistins ennemis iurez de ce Roy. Apres ce seruice, il luy en rendit encore beaucoup d'autres de cette nature, & tout Roy

Voyez
1. Samuel.

qu'il estoit, il vescut auec luy, comme le moindre de ses
Sujets. Cependant ce Roy jaloux de la gloire qu'il auoit
acquise, au lieu d'amour le payoit de haine, il ne regar-
doit Dauid que comme vn homme qui flestrissoit son
éclat par la grandeur du sien, & ne pouuoit se souuenir
sans fureur de ces termes de loüange, que la voix du
peuple auoit crié au retour d'vne bataille, en faueur de
ce courage sainct & heroïque, *Saül en a tué ces mille, &*   1. Samuel
Dauid ces dix mille. Le penser de ces termes si glorieux à   18. 7.
ce ieune vainqueur, mettoit au desespoir ce vieil barbare, & pour recompenser les illustres trauaux qu'il auoit
soufferts, il ne cherchoit qu'à le faire mourir. Voila donc
Saül deuenu tyran : le voila reietté mesme du Dieu qui
l'auoit donné à Israël. Dauid auoit esté oint par Helie
pour régner en sa place, cependant il fuit la rage qui le
persecute, & ne s'oppose point à la manie qui aueugle
cet inflexible : il voit que ny les remonstrances ny les prie-
rés de Ionatas son fils, ny la Iustice de son innocence ne
peuuent changer le Torrent de cette colere, cependant
il l'euite au lieu de la combattre. Quoy doncques ! est-
ce qu'il manquoit de force pour le faire ? Nous voyons   1. Samuel
dedans son Histoire, comme quoy pendant ces fuittes   23. 5. &
il a diuerses fois destruit les Philistins. Nous apprenons   27. 9. &
comme Nabal luy ayant refusé quelques rafraischisse-   25. 13.
mens qu'il luy demandoit, il alloit genereusement punir son extréme audace, si sa femme Abigail ne l'eust ap-
paisé en s'acheminant vers luy, & luy faisant porter auec
ciuilité les choses qu'en sa necessité, il auoit aussi ciuile-
ment demandées. Quoy doncques ! est-ce que sa cause
ne sembloit pas iuste ? outre l'ingratitude extréme dont
Saül estoit enuers luy trop coupable, il l'estoit encore de
diuers autres crimes, dont le moindre meritoit la mort :
& quand il n'en y auroit eu d'autre, que celuy d'auoir fait
inhumainement massacrer 85. Prophetes, en falloit-il   1. Samuel
dauantage pour le rendre execrable à Dieu & aux hom-   22. 18. 19.
mes ? Les plus barbares Tyrans des Payens parmy leurs

fanglantes cruautez, refpectoient encore les Sacrifi
teurs de leurs faux Dieux; & celuy-cy n'épargne
mefme la ville, les femmes, les petits enfans, & les bef
de ceux de l'Eternel. Cependant ce grand Dieu irri
l'abandonne aux mains de Dauid, & cét admirable
fenfé fe contente de couper vn bout de fa robe, enco
fe repent-il de l'auoir fait. Il eftime que cette action m
derée eft vn crime dont il fent le remords incontine
& dans cette penfée il s'écrie: Ia ne m'aduienne de
l'Eternel, que ie mette la main fur fon Oint. Enco
mefme que Saül aduerty de la bonté de Dauid, ne ce
point de pourfuiure fa vie, & qu'vne autre fois Dieu l
bandonne à fa vengeance, il n'vfe point de la facilité
l'occafion; il fe met en colere contre fes gens qui le fo
licitent de tuer fon ennemy, que Dieu, comme ils dife
luy liure, & qui s'offre mefme au coup qu'il ne veut p
faire. Il fe contente d'emporter fa halebarde qu'il o
du cheuet de fon lict, pour luy apprendre feulement qu
auoit efté en fon pouuoir de fe vanger de fa barbarie:
ne m'aduienne, dit-il toufiours, de mettre ma main f
l'Oint de l'Eternel: car (comme il l'auoit vn peu aupat
uant declaré) *qui le fera & fera innocent?* Quoy don
ques! Dauid ne fe fuft pas eftimé innocent de tuer
Tyran ennemy de Dieu & des hommes; vn ingrat qui
vouloit payer que par le trefpas la grandeur de fes ra
feruices; vn reietté de la part de Dieu; vn homme aba
donné du Ciel à fa vengeance, & nous eftimerons q
quand vn Roy abufe de fon authorité, nous ceffons
luy eftre Suiets? Luy qui eftoit oint pour eftre Roy
Ifraël, refpecte encore ce Tyran qu'il pouuoit deftrui
& quand il arriue qu'apres auoir efté défait en batail
vn ieune Amalecite le tuë par fon propre command
ment, ou pluftoft par l'ordre de la Prouidence diuine,
verfe des larmes ameres, & apres auoir mené vn deüil e
tréme fur fon ennemy mort, il fait punir le meurtrier
fon bourreau, & ne croit pas encore s'eftre affez acqui

cnue

enuers son Roy, quoy que cruel, quoy que Tyran, quoy
que son ennemy; si apres l'auoir pleuré il ne le venge encore, & ne le venge de celuy qui sembloit estre innocent
de son trespas, puis que son meurtre & son inhumanité
n'auoient esté qu'vn effet de son obeïssance; & nous se-
rons bien assez mal-heureux pour nous imaginer qu'vn
Roy violent peut estre renuersé du Thrône, pour estre
en butte à la Iustice de ses Suiets ; qu'il peut perdre sa
qualité, qu'on peut luy ôter le Royaume? Il faut donc
acheuer le reste, & dire sans feindre dauantage, que l'on
peut luy ôter la vie. Conclusion qui fait fremir la Nature, & qui n'est pas moins audacieuse ny moins criminelle que celle qui concluroit d'arracher le Soleil de l'V-
niuers, pour ce qu'au lieu d'éclairer comme c'est son
Office, il fait suer les hommes en quelques lieux, il les
brule, en d'autres, & dépeuplant ainsi plusieurs païs, il
forme d'affreux deserts, des vastes & des ardantes soli-
tudes. Conclusion toutefois, Monsieur, qui toute affreu-
se, & toute scandaleuse qu'elle est, suit immediatement
apres celle que vous auez tirée. Car n'est-il pas vray que
si le Roy qui mal-vse de son pouuoir, cesse d'estre Roy,
que doncques il deuient personne priuée? or si vous le
rendez tel, & que cependant vous ne luy ostiez point
son crime, en luy ostant sa puissance, n'est-il pas vray que
vous faites d'vn Roy violent, vn particulier coupable?
ainsi vous le conduisez du Thrône à l'échaffaut par vos
maximes temeraires, & faites sans y penser l'Apologie
des bourreaux d'Angleterre : Mais ie n'oppose contre
vne Apologie si solitaire que la voix de tout l'Vniuers,
qui semble crier contre ces meurtriers inhumains, que
l'horreur qu'ont de ce coup barbare toutes les ames rai-
sonnables, & le solemnel & l'éclatant desadueu de tous
les Suiets à vn sacrilege si épouuantable. Ce seroit trop
de chercher d'autres raisons pour le confondre. Ie ne
veux point auoir de paroles dauantage pour nommer seulement vn attentat si detestable; outre la mort d'vn Roy,

par les mains de ses Suiets , ces circonstances me donne
tant d'horreur que ie m'estime mal - heureux alors q
i'en ay mesme la pensée.

Rendons nostre dispute plus douce, Monsieur, ne soüi
lons point nostre raison dans des idées si sales & si ven
meuses. Ie veux penser de vous qu'elles vous desplaise
de la mesme sorte qu'elles m'ont despleu ; & que vo
estes bien fasché que le train de vos sentimens m'aye
precipiter dans vn si funeste discours. Pour n'y plus r
tourner, Monsieur, il faut que vous cessiez ces propo
tions , dont la pente s'y encline, & que vous disiez au
moy que les Roys ne cessent pas d'estre Roys , enco
qu'ils cessent d'estre bons , encore qu'ils deuiennent t
rans , & qu'ils ont tousiours cette supréme authorité à l
quelle les Suiets sont tousiours redeuables d'obeïssanc

Toutefois , comme il semble que condamnant les S
iets à obir à leurs Roys, fussent-ils tyrans, ie pose quelq
chose d'iniuste, il faut que ie die que cette obeïssan
est conditionnelle ; & que ie n'entend pas qu'on doi
suiure les Loix de quelque superieur que ce soit, si ell
font contraires aux Diuines, ou aux naturelles. Mais
cette exception il ne faut pas aussi qu'on s'imagine q
ie consente au déthrônement ny au meurtre des Ro
pour cela. Ie sçay bien quelle reuerence nous deuons a
volontez de Dieu, & aux enseignemens de la Natur
mais ie sçay bien aussi quelle fidelité nous deuons à n
Souuerains. Ce ne seroit pas obeïr aux vnes que de re
ster aux autres, & comme ceux-cy sont establis par cell
là , la moindre Maiesté lezéc est vne offense qui choq
& qui irrite la plus grande. Que faut-il donc faire en
rencontre , s'il ne faut ny trahir le Ciel, ny combattre
Prince, s'il ne faut ny desobeïr à Dieu, ny resister au R
qui veut qu'on luy desobeïsse ? Ie vous ay desia monst
par l'exemple de Sydrac, Misac, & Abdenago ce qu
faut faire, quand on est entre les mains d'vn Roy si m
heureux & si cruel. Il faut resister iusques à la fin par pri

car aussi souuent par ce moyen fléchit on les cœurs
lus durs : Et c'est à peu prés ce qu'entend Salomon
s ses Prouerbes, quand il dit : la fureur du Roy ce sont *Prouerb.*
nt de messagers de mort, mais le Sage l'appaisera, 16.14.
est tousiours cruel apres ces remontrances, apres ces
res, apres ces raisons, imitons ces trois genereux en-
, & mourons sans fremir de l'horreur des supplices,
ns rasseurez par la Iustice de nostre perseuerance.
si nous pouuons échapper à ces inhumanitez qui
lquesfois ont fait trembler les ames les plus hardies,
ons, comme nous auons vû que Dauid fuyoit la per-
tion de celuy qui demandoit sa vie. C'est tout ce que
s auons à faire en ces occasions déplorables ; Car le
mure, les souleuemens, les rebellions sont choses dé-
liiës. Mon fils, dit Salomon dans ses Prouerbes, *Prouerb.*
ns Dieu & le Roy, & ne t'entremesle point auec Gens 24.21.22.
ians ; car leur calamité s'éleuera soudain, & qui
l'inconuenient qui arriuera à ces deux-là ? Comme
ust voulu dire, & qui peut comprendre la colere de
ernel contre ceux qui le mépriseront & qui s'éleue-
contre le Roy. La terreur du Roy, dit-il ailleurs,
omme le rugissement d'vn ieune Lyon, & qui se co-
contre luy peche contre soy-mesme ; & la langue He- *Prouerb.*
que porte, *contre son ame.* Ainsi il nous exprime assez 20.2.
nonobstant la colere & la fureur du Souuerain,
me de cette colere & de cette fureur si terrible qu'il
ompare au rugissement d'vn ieune Lyon, nous ne
uons nous irriter contre luy, à peine de deuenir cri-
els ; comme il l'exprime par ces termes, de pecher
tre son ame.
t de fait les personnes Royales sont si sacrées & si in- *Ecclesiast.*
ables que l'Ecclesiaste ne veut pas mesme qu'on die 10.20.
du Roy dans la pensée ; Et c'est ce qui auoit esté au- *Exod.* 22.
uant défendu en Exode, où il est dit : *tu ne médiras* 28.
des Iuges, & ne maudiras point le Prince de ton Peuple. Si
ques nous ne deuons pas auoir pour nos Roys ny de

mauuaifes paroles, ny mefme de mauuaifes penfées, qui nous permettra de mauuaifes actions, & par quelle Loy fommes-nous liberez de leur puiffance comme vous le dites? Ie ne trouue point en toute la Sainte Efcriture d'abrogation de cette Loy inuiolable qui nous oblige continuellement à nos Souuerains. Au contraire ie voy par tout que leur puiffance & noftre fuiection font determinées, que Dieu les declare abfolus fans condition.

Ecclefiaft.
8. 3. 4.

Ne te pr cipite point de te retirer de deuant la face du Roy, dit encore l'Ecclefiafte, *& ne perfeuere point en chofe mauuaife, car il fera tout ce qu'il luy plaira.* S'il ne met point d'exception en fa puiffance, en difant, *tout*, comment Politiques criminels auons-nous l'audace d'y pofer des bornes? comment ofons-nous examiner des actions fi releuées au deffus de nous, encore qu'elles nous touchent, puifque le mefme continuë toufiours de dire à leur auantage: *En quelque lieu qu'eft la parole du Roy, là eft la puiffance; & qui luy dira: que fais-tu?* S'il ne nous eft pas permis de dire au Roy: que fais-tu? Ie vous laiffe à penfer s'il nous eft feant de nous abfoudre du ferment de fidelité que nous leur auons fait: de ceffer d'eftre Suiets, & dire qu'ils peuuent ceffer d'eftre Monarques. Mais vous me direz peut-eftre que toutes ces chofes que i'allegue en leur faueur, & que i'ay prifes dans les Saintes Lettres, font dites des bons Roys & non pas de ceux defquels l'authorité dégenere en tyrannie. Encore voudrois-ie, fi ie faifois cette obiection, monftrer d'autres lieux où il fuft parlé des tyrans & où il fuft dit qu'on n'eft point obligé de leur rendre l'obeiffance. Ce qui eftant impoffible, il s'enfuit que ces chofes demeurent pour toutes fortes de Roys autant des bons que des mefchans. Il eft pourtant bien parlé des mauuais Princes, il en eft bien dit: *Le dominateur méchant*

Prouerb
28. 15. 16.

fur vn peuple chetif eft comme vn Lyon rugiffant & vn Ours queftant fa proye. Le Conducteur ayant faute d'intelligence, fait beaucoup d'extorfions. L'indignation des Roys nous eft bien en diuers lieux reprefentée; mais ie ne voy point où

il.

nous soit permis de la combattre. Leur leçon en quel-
les endroits leur est bien faite. Nous trouuons bien les
gles de ce qu'ils doiuent suiure, mais nous ne receuons
int d'ordre de les y contraindre, ny de les punir quand
y manquent.

Au contraire, lors qu'Israël demanda vn Roy à Samuël
us voyons comme il leur fait vne description de la puis-
ce qu'il rend mesme tyrannique. Pour leur apprendre
qu'où c'est qu'à toute extremité elle pouuoit s'esten-
e, il dit, *Qu'il prendra leurs fils & leurs biens, qu'il dispose-*
d'eux comme d'esclaues, & qu'il les traittera si cruellement
alors ils crieront à l'Eternel pour estre deliurez, mais qu'il ne
exaucera point. Les Israëlites vouloient vn Roy à quel-
e prix que ce fust. Pour leur oster ce desir aueugle
dy aueugle pource qu'ayans Dieu pour Roy, ils n'a-
ient que faire d'vn homme) Dieu leur fait proposer
te la puissance qu'il pourra prendre sur eux par vio-
ce & par force, & leur dit que mesme dans cette ty-
nie ils crieront à luy & qu'il ne les exaucera pas. Il
r témoigna donc qu'il vouloit qu'ils demeurassent ses
ets, encore mesme qu'il deuint tyran, puis qu'il ne
iloit pas qu'ils peussent estre deliurez de sa tyrannie;
l'accomplissement de cette menace s'execute en suite,
Saül estant le Roy qui leur fut donné, ils le virent de-
ir méchant, & souffrirent ses violences; iusques au
nct que Dauid mesme le respecta tousiours, comme
s l'auons desia dit, tout méchant & tout inhumain
l fust. Il ne faut donc point icy faire de distinction
ons ou de mauuais Roys dans le pouuoir que Dieu
ne aux puissances Souueraines Puis qu'il a voulu
Israël demeurast tousiours obeïssant à Saül, il n'y en
int apres cela à qui nous ne deuions tousiours obeïr.

moy doncques? mais par cette raison il faut obeïr aux
ans: la question est delicate, & d'abord vn peu diffi-
à resoudre; Car puis que i'ay conclu que Dieu veut
n obeïsse aux Roys les plus cruels & les plus inhu-

F

mains, il semble que ie n'en excepte point ceux qui sont
proprement & originairement tyranniques : Toutesfois
ce n'est pas mon sentiment que nous deuions obeissance
à toute sorte de violens Souuerains. Ceux qui ayans
esté legitimement establis, degenerent dans leur regne,
ne laissent pas d'estre tousiours puissans, augustes, vene-
rables, encore qu'ils cessent d'estre iustes : Ils ont occu-
pé vn lieu duquel on ne tombe que par violence, comme on n'arrache les choses naturelles de leur lieu que par
contrainte, & quiconque les precipite du throne où ils
sont montez, fait comme vn autre Phaëton qui outrage
toute la Nature, en faisant tomber le Soleil. Aussi ne me-
rite t'il pas moins que luy les coups de foudre que Iupi-
ter, que le Dieu vengeur lance sur les testes criminelles.
Mais celuy qui de particulier se veut faire Souuerain, qui
desole le païs de ses voisins, qui sans succession, sans éle-
ction, ny sans aucun autre establissement legitime veut
se rendre le Maistre de ceux qui sont ses égaux, veut
vsurper leurs biens & leur franchise, veut prendre empire sur leurs vies, comme il fait ce qu'il n'a Droit de faire en nulle sorte, ie n'entends pas qu'on luy doiue aucune obeissance. Ie croy qu'il est du deuoir des persecu-
tez de se deffendre, & mesme de punir vn tel persecu-
teur : Aussi est-ce ce qu'ont fait plusieurs peuples sur lesquels s'est voulu éleuer la tyrannie : Deux Brutes l'ont
genereusement executé deux fois à Rome : Hercules l'a
fait par toute la terre. Timoleon, Dion, Aaratus ont cha-
stié tous ces vsurpateurs dans la Grece ; & si l'on en auoit
autant fait aux Turcs dans les commencemens de leur
tyrannie, ils ne seroient pas auiourd'huy à ce poinct de
puissance redoutable qui fait fremir de terreur toute
l'Europe. Quelques-vns sur ce suiet demanderoient si vn
tyran ne peut pas deuenir legitime Prince, & si l'on n'est
pas obligé de luy obeïr, quand il est deuenu tel ou par la
douceur de son regne, ou par quelque autre moyen qui
l'authorise. La chose est indubitable & sans controuerse :

Car premierement comme en la Nature les choses vio-
lentes ne sont pas durables, & que quand on en voit
subsister longuement, on conclud qu'elles sont naturelles; de mesme au gouuernement des Estats, quand vn
vsurpateur regne plusieurs années, ou par luy, ou par ses
Successeurs, il y a grande raison de dire qu'il est legitime
Souuerain, que cette longueur de regne est vne marque
de l'approbation Diuine, du consentement des hommes, & de stabilité de son establissement qui est deue-
nuë comme naturelle, s'estant renduë conforme à la Nature. Apres c'est qu'vn tel vsurpateur peut faire des conquestes dans lesquelles il est maintenu par les peuples
mesmes conquis. Quelquefois il est declaré Roy, apres
auoir agy en tyran; & lors que les suiets de leur propre
mouuement n'ayans point de Roy, de leur vainqueur
s'élisent vn Prince, ce vainqueur deuient aussi-tost legitime. De cette sorte il ne faut pas douter qu'on ne soit
obligé de leur obeïr, & qu'on ne leur doiue tout l'honneur qu'on est obligé de rendre aux puissances Souueraines.

Vous me direz, mais s'il redeuient Tyran, mais s'il viole nos franchises & les paroles qu'il nous a données, ne
retournons-nous pas à nostre liberté premiere, & ne pou-
uons-nous pas l'oster du Thrône où il ne s'est éleué que
par nostre grace? Non, Monsieur, nous ne pouuons pas,
quoy qu'il change, changer les liens de nostre raisonna-
ble seruitude. Mais pour iuger de cecy plus aisément, il
faut comprendre que iamais ce n'est les Suiets qui font
le Roy. Quand ils l'élisent, c'est bien vne marque de sa
vocation legitime, mais non pas de la puissance de ceux
qui élisent. Si les Suiets communiquoient l'authorité au
Roy, il n'y a point de doute qu'ils l'a luy pourroient oster,
il n'y a point de doute qu'ils pourroient faire des conditions en la luy donnant, & l'en priuer quand il ne les auroit pas obseruées, il n'y a point de doute qu'ils pourroient
le punir de ses crimes: car comme la Iustice reside où est

l'authorité, ils ne pourroient pas auoir l'vne fans l'autre; Or s'ils auoient la Iuſtice, ils auroient donc auſſi puiſſance legitime fur la vie licencieuſe de leur Prince. Ainſi la mort du Roy d'Angleterre ne feroit plus vn crime horrible à toute la Nature, & pour la rendre iuſte, il ne faudroit plus que prouuer qu'il eſtoit coupable. Que ſi cette concluſion eſt ſi reiettée de tout le monde, il faut donc auſſi reietter la propoſition dont elle eſt tirée, & dire que les peuples ne communiquent nullement l'authorité aux Roys qu'ils éliſent, & que ce n'eſt pas eux qui les font tels qu'ils ſont, encore que ce ſoit eux qui les declarent. Et de fait, comme nous l'auons deſia dit, ſi nul ne peut donner ce qu'il n'a point, comment les ſuiets pourroient-ils faire des Souuerains, ne poſſedans pour tout partage que l'obeïſſance ? Il faut donc que ces choſes ſuiuent l'ordre de l'Vniuers, comme ie l'ay deſia declaré, & que de Dieu l'authorité ſoit communiquée aux Roys, comme des Roys elle eſt apres miſe aux mains de la Iuſtice & des autres puiſſances inferieures.

De cette ſorte : N'eſt-ce pas vne mocquerie à des Suiets de pretendre quelque Droiĉt ſur vn Roy par les promeſſes qu'en l'éliſant ils en ont tirées. Vous dites, nous nous ſommes donnez à luy à condition. Quelle condition pouuez-vous donner à celuy qui eſt abſolu ? la qualité de Roy n'en ſouffre point de la part de ſes ſuiets. Il entre dans le Thrône; il monte ſur vn degré qui eſt plus haut que luy; il ne peut obliger la Souueraineté qui ſans luy & auec luy meſme ſubſiſte touſiours independante. S'il pouuoit tant ſoit peu l'obliger, il la partageroit. S'il l'auoit partagée, il l'auroit deſtruite, & vous le verriez coupable en cela meſme que vous l'eſtimeriez iuſte. Quand vn homme deuient Souuerain, il eſt annobly par la Charge à laquelle il monte. Or ſans contredit ce qui annoblit eſt plus excellent que ce qui eſt annobly. Quel pouuoir a donc le moins ſur le plus digne pour en diſpoſer par ſes ſermens & par ſes promeſſes ? Tout ſerment de

Roys

Roys enuers leurs Peuples ne sont donc que de vaines
ceremonies; car où les Roys iureront choses iniustes à
leurs Peuples, & alors ils ne seront pas obligez à l'execution de leurs promesses; ou ils iureront choses iustes, &
alors le serment n'est que pour l'exemple; car sans luy ils
y sont tousiours obligez, & ne peuuent y manquer sans
offense. Encore des choses iustes y en a-t'il quelques-
vnes qui ne le sont que pour vn temps, & qui ne doiuent
pas tousiours estre obseruées, & de ce costé c'est au Roy
à en faire les differences: tellement que les sermens d'vn
Roy portent des conditions dont luy seul doit estre l'ar-
bitre; & partant c'est vne vaine obseruation que de faire iurer les Roys à leurs suiets choses iustes ny iniustes;
car n'estant point obligé à celles-cy, s'il est capable de
mepriser celle-là à quoy les Loix naturelles & les Diuines l'obligent, y a-t'il quelques sermens qu'il respecte,
ny quelques promesses qu'il ne viole?

Quand donc les Roys iurent, il faut que ce soit à Dieu
seul. A toute heure aussi bien que les autres hommes, ils
sont obligez de luy promettre obeissance; & lors qu'il
arriue qu'ils luy en font serment solemnel, les Peuples
ne doiuent pas s'imaginer qu'ils leur fassent quelques
promesses; mais oüy bien qu'ils leur veulent donner les
esperances d'vne domination iuste, puis qu'elle se sou-
met aux Loix diuines du roy des Roys, auquel ils le
iurent en leur presence. Aussi à le bien prendre, Monsieur, les Roys ne iurent iamais à leurs suiets chose aucune, ny ne leur font promesse quelconque que de grace: Car quand ils viennent à la Couronne & qu'ils font
serment, ou ils sont desia Roys, ou ils ne le sont pas encore: s'ils sont Roys, ils ne peuuent nullement faire que de
les sermens gratuits, & non d'obligation reciproque que
nous superieurs font à leurs inferieurs sans contrainte;
ir de dire qu'ils en puissent faire de ceux-là qui estans
reciproques, posent quelque égalité de condition entre
plusieurs, & quelque sorte d'independance des vns aux

G

autres, il n'y a point d'apparence. Le Roy ne pourroit pas
estre Roy dont le suiet se pourroit dire independant de
son authorité; & nous auons desia prouué comme les
Peuples sont suiets de leurs Princes sans reserue. Si donc
les suiets sont priuez de cette independance qui se doit
rencontrer entre ceux qui font des sermens de necessité
& d'obligation; il s'ensuit que le Roy n'en peut pas faire
à ses suiets, parce qu'il faut que cette independance soit
en celuy qui reçoit le serment pour le rendre necessaire.
Ces veritez ne sont pas difficiles à comprendre, Monsieur, & vous sçauez bien que Dieu ne peut s'obliger aux
hommes d'obligation necessaire, ny leur faire serment
qu'il soit obligé de tenir, s'il ne luy plaist, parce qu'il n'y
auroit nulle raison qu'il se contraignist, & s'il faut ainsi
dire, qu'il s'assuiettist & deuint redeuable à nostre bas-
sesse. La gloire de sa Maiesté seroit diminuée par cét at-
tachement qui le rendroit soufmis à sa creature; & veritablement cela ne se peut dire en nulle sorte; il y a de la
contradiction dans cette pensée. Dieu ne seroit pas Dieu
s'il estoit obligé à quelque chose, & cette obligation pre-
supposeroit vne puissance au dessus de la sienne, à laquelle il seroit redeuable par sa promesse. Il en est tout de
mesme des Roys qui sont l'Image de Dieu, & qui sont
des Dieux eux-mesmes en terre. Ils ne peuuent faire à
leurs suiets de ces sermens qui seroient autant d'adueus
de leurs soufmissions enuers des personnes qui leur doiuent estre inferieures. A ce conte-là, me direz-vous, vn
Prince ne pourroit pas iurer à vn sauetier; parce quel'ex-
treme difference de leurs conditions empesche vn serment qui presuppose vne égalité entre deux personnes
iurantes. En cette occasion, Monsieur, on ne doit considerer d'autre condition que celle de suiet; tellement
que celle d'vn Prince & d'vn sauetier en cette considera-
tion sont égales: Aussi est-il vray que iamais le Prince
ne pactise auec ceux du bas estage, en qualité de Prince,
comme le Roy ne peut iamais s'obliger au Prince son

suiet en qualité de ROY, ny Dieu au Roy en qualité de
Dieu; mais oüy bien en qualité de Bon, de Clement, &
de Misericordieux. Comme donc, naturellement les sui-
iets deuans obeïssance à leurs ROYS, leurs ROYS ne leur
peuuent rien deuoir qu'Empire & Gouuernement equi-
table; Quand il arriue qu'ils leur facent quelques promesses en qualité de ROYS, ce sont des traicts de leurs bon-
tez; & non pas des suittes de leur Iustice.

Ainsi quand à leurs Couronnemens ils iurent, si c'est
en qualité de Souuerains, & qu'il le soient effectiuement,
leurs suiets n'en peuuent rien pretendre que de la grace,
dont ils ont receu les promesses. Si ce n'est pas en qualité
de Souuerains, & qu'ils ne soient pas encore éleuez sur
le Thrône Royal; ils ne peuuent obliger la Couronne
qu'on va mettre sur leurs testes, ils sont encore suiets; &
quand ils ont changé de condition, ce ne sont plus, ce
semble, les mesmes personnes : & veritablement il n'y a
personne qui puisse dire qu'vn Roy soit obligé aux sermens qu'a fait vn suiet; tellement qu'alors les suiets ne
peuuent plus voir dedans leur Roy, celuy duquel ils ont
receu la parole.

Ainsi donc vn Roy se pourra mocquer impunément
des sermens qu'il a faits, auparauant que de monter sur
le Thrône? Nenny. S'il cesse d'estre suiet quand il deuient Monarque, il ne cesse pas d'estre homme. En cette
qualité il doit tout ce qu'il a promis : & comme il ne faut
pas s'imaginer qu'il y ait rien qui soit, hors de l'Empire
des Loix Diuines & des naturelles, il ne faut pas aussi croi-
re qu'il y ait ny condition, ny raison, ny pretexte si specieux
qui nous en exempte. Mais ie suis Roy, & ie ne dois point
de déference à mes suiets. Mais vous estes homme, &
vous deuez tenir vostre parole. Quand nous iurons, n'ap-
pellons-nous pas le Nom de Dieu comme pour caution
de nos promesses? Ne sçauons-nous pas qu'il nous est de-
fendu de le prendre en vain, & de iurer par ce Nom sa-
cré en mentant, de peur de le profaner? Quoy doncques!

eſt il quelque exception à cette ordonnance general
Nous voyons en Zacharie, comme Dieu fulmine male
diction contre tous ceux qui iurent fauſſement, & no
ne trouuons qu'il en exempte perſonne. Auſſi voyon
nous Saül puny en ſes enfans meſmes apres ſa mort po
auoir violé par vn zele indiſcret la promeſſe de vi
qu'il auoit donnée aux Gabaonites ? & en vne infini
d'autres-lieux Dieu monſtre combien il eſt ialoux
l'honneur de ſon Nom, & combien il veut ſeuereme
vanger le mépris qu'en oſent temerairement faire les i
fracteurs de leurs paroles : Et pour monſtrer combien
aime qu'on tienne pour ſacré le lien de ſerment où
Maieſté eſt reclamée, Dauid met au rang de ceux qu
traite familierement, iuſques à les receuoir dans ſ
Tabernacle, celuy qui tient ce qu'il a promis, quelq
perte qu'il reçoiue de ſes promeſſes.

Vn Roy n'a donc point d'excuſe legitime qui luy do
ne l'exemption des ſermens qu'il a faits, n'eſtant enco
qué Suiet; Car s'ils eſtoient iuſtes alors, & ſelon la raiſo
diuine & naturelle, ils ne peuuent manquer qu'ils ne
ſoient encore; & par conſequent ils obligent touſiours
la meſme ſorte.

Les Suiets ont donc droict en vertu de ces ſerme
d'agir contre leurs Souuerains, s'ils y manquent? C'e
Monſieur, encore ce que ie nie; car tout de meſme qu'en
tre Suiets pour l'accompliſſement & l'execution d
conuentions, des promeſſes, & des autres actes publi
ou particuliers qui les obligent les vns aux autres, ils o
leur recours au Iuge : De meſme les Suiets ont leur dro
a remettre entre les mains de Dieu, parce qu'il n'eſt p
iuſte que qui que ce ſoit ſe faſſe iuſtice à ſoy-meſm
Nous auons des exemples de cecy en quelques-vns
nos Roys qui ont ſouffert condamnation du Parlemer
enuers quelques particuliers de leurs Suiets, pour
qu'auſſi la raiſon n'auroit ſceu ſouffrir qu'ils euſſent eſ
Iuges & Parties.

Toutefo

Toutefois cela ne peut faire de preiudice à leur au-
torité; Car quand ils ont plaidé contre quelques particuliers, ils ont cessé d'estre Souuerains, & le peuple entier ne peut pas pretendre vn mesme priuilege, parce
qu'ainsi consideré, il n'est plus que suiet, & ne s'attaque
plus qu'à vne puissance souueraine. De cette sorte donc
que le peuple veut agir en Iustice contre son Souuerain, il
faut qu'il en cherche vne qui luy soit superieure : Or
comme il n'y a point de Iustice superieure aux Roys que
la celeste, c'est aussi à celle-là qu'il faut qu'ils s'adressent.
C'est-là tout le Droict des Suiets contre les Potentats.
C'est-là qu'ils peuuent chercher la vangeance des tyrannies, & la punition des pariures. Encore si nous en iu-
geons exactement, il vaut mieux attirer du Ciel des be-
nedictions que des foudres contre ces testes couron-
nées. Nabuchodonosor estoit vn Tyran execrable au
dernier degré; Il auoit fait des esclaues de tous les prin-
cipaux des Iuifs, & auoit dépeuplé Ierusalem du peuple
de Dieu, pour le mener captif en Babylone : Cependant
Baruc exhorte les Iuifs dans leur captiuité de prier
Dieu pour leur Tyran, afin que sous son regne ils puissent viure, & trouuer grace en sa presence. Ieremie de
mesme sorte leur commande de prier Dieu pour la
paix de la Ville où ils estoient captifs, afin qu'ils en iouïs-
sent ensemble auec leurs ennemis. Si donc nous voulons
profiter de ces sainctes exhortations, nous ne dirons pas
qu'il faut se liberer de la puissance qui nous rend esclaues. Nous ne conclurons pas, que quand le Roy manque à ce qu'il a promis, les suiets sont absous du serment de fidelité, & de l'obeïssance. Si nous trouuons nostre seruitude estrange, nous flechirons le Ciel par nos soû-
pirs, & ne forcerons pas nos Souuerains par de temeraires
efforts. Nous ferons des armes de nos pleurs, & nous ne
combattrons ny ne vaincrons que par nos plaintes.
Voila ce grand respect que nous deuons aux Roys, à
cause de Dieu qui nous le commande, & du Droict sa-

cré & inuiolable du rang qu'ils occupent. Si nous ne l[es]
considerons comme des faueurs celestes, comme Salo[-]
mon les compare dans leurs douceurs à la nuée qui po[r-]
te l'agreable rosée de l'arriere-saison : Nous les deuo[ns]
touſiours conſiderer comme d'illuſtres Barbares, d[e-]
uant leſquels il ne nous faut pas faire les magnifique[s]
comme des fleaux du Ciel auſquels il ne nous faut p[as]
reſiſter, mais qu'il faut prier Dieu qu'il adouciſſe. Au[ſſi]
veritablement comme les bons Roys ſont des preſe[ns]
de la bonté de Dieu la plus rare, il ne faut pas douter q[ue]
les violens ne ſoient de ſes chaſtimens, & de ſes pun[i-]
tions les plus ſeueres. Or s'ils ſont des verges en la ma[in]
de Dieu, nous eſt-il permis de les rompre, s'il nous [en]
chaſtie pour nos offenſes ? Ne meriterions nous pas re[i-]
terée punition pour cette aggrauation de crime ? Si no[us]
auions offenſé noſtre Prince, & qu'il nous vouluſt fra[p-]
per d'vn baſton, ne meriterions nous pas la mort ſi no[us]
le luy arrachions des mains, & le rompions en ſa pr[e-]
ſence, pour éuiter vn moindre ſupplice ? Ce manque[ment]
reſpect ſeroit pour le moins vn crime auſſi grand que c[e-]
luy dont nous aurions voulu éuiter le chaſtiment, [&]
nous n'en deurions attendre que redoublement de c[o-]
lere. Vous voyez donc, Monſieur, qu'il faut non ſeul[e-]
ment à cauſe de l'ire, mais auſſi en conſcience, comme [dit]
S. Paul, que nous rendans ſuiets aux puiſſances ſuperie[u-]
res, nous conſiderions que telles qu'elles puiſſent eſt[re]
ou douces, ou rigoureuſes, elles ſont de par Dieu : Qu[il]
nous faut baiſer l'eſpée dont il nous tuë, & luy rendre e[n-]
core graces de ſes rigueurs, ſi nous n'en voulons meri[ter]
dauantage : Que nous ſommes obligez de reſpecter [les]
inſtrumens de ſon amour ; car enfin c'eſt par amour qu[il]
nous chaſtie, pour nous rendre ſages, comme les enfa[ns]
ſont auſſi chaſtiez de leurs peres : & qu'enfin noſtre a[u-]
dace ſeroit trop puniſſable, ſi nous entreprenions qu[el-]
que choſe contre ces verges de ſa grace, quand elle[s]
ſeroient meſme de ſa colere.

Cependant les Roys ne doiuent pas abuser de ces extrémes deferences desquelles il faut que nous aduoüions
que nous leur sommes redeuables. Plus le Ciel les a ren-
dus absolus dessus nous, & plus doiuent-ils vser mode-
rément de leur puissance. Si elle n'a point de bornes à
nostre égard, elle en a toutefois à celuy du Ciel & de la
Nature. Si nous ne pouuons pas iustement nous defen-
dre de leurs oppressions & de leurs tyrannies, il y a toutesfois vn vengeur qui ne manquera pas de leur rede-
mander nos libertez, nos biens, nos vies, & nos conscien-
ces, s'il est arriué qu'ils les ayent tyrannisées. Qu'ils se
souuiennent de ce grand & de cét abbregé precepte de
la Charité : *Tu aymeras ton prochain comme toy-mesme.* Il
parle à tout le monde. Il ne distingue point les riches d'a-
uec les pauures, ny les Bergers d'auec les Monarques. Si
quelqu'vn ne l'obserue, le chastiment est tout prest; & il
ne faut pas s'imaginer d'en estre plustost garanty par vne
Couronne que par vne Houlette.

Par M. L.

www.ingramcontent.com/pod-product-compliance
Lightning Source LLC
Chambersburg PA
CBHW061800060726
47597CB00007B/3042